Hacer sombra

Elizabeth Austen

Smithsonian

© 2020 Smithsonian Institution. El nombre "Smithsonian" y el logo del Smithsonian son marcas registradas de Smithsonian Institution.

una mano bajo el sol

3

una gorra bajo el sol

4

un sombrero bajo el sol

una sombrilla bajo el sol

un paraguas bajo el sol

una tienda de campaña
bajo el sol

un porche bajo el sol

nosotras a la sombra

DESAFÍO DE CTIAM

El problema

Hace mucho, mucho calor. ¡Necesitas sombra! ¿Qué puedes hacer para darte sombra?

Los objetivos

- Haz una cubierta que te dé sombra.
- La cubierta puede estar hecha de cualquier material que te guste.
- Debe darle sombra a todo tu cuerpo.

Investiga y piensa ideas

Aprende sobre las sombras.

Diseña y construye

Dibuja tu plan. ¡Construye tu cubierta para hacer sombra!

Prueba y mejora

Párate debajo de la cubierta. Luego, trata de mejorar tu cubierta.

Reflexiona y comparte

¿Qué aprendiste?

Asesoras

Amy Zoque
Coordinadora y asesora didáctica de CTIM
Escuela Vineyard de CTIM
Distrito Ontario Montclair

Siobhan Simmon
Escuela primaria Marblehead
Distrito Escolar Unificado Capistrano

Créditos de publicación

Rachelle Cracchiolo, M.S.Ed., *Editora comercial*
Conni Medina, M.A.Ed., *Redactora jefa*
Diana Kenney, M.A.Ed., NBCT, *Realizadora de la serie*
Emily R. Smith, M.A.Ed., *Directora de contenido*
Véronique Bos, *Directora creativa*
Robin Erickson, *Directora de arte*
Stephanie Bernard, *Editora asociada*
Caroline Gasca, M.S.Ed., *Editora superior*
Mindy Duits, *Diseñadora gráfica superior*
Walter Mladina, *Investigador de fotografía*
Smithsonian Science Education Center

Créditos de imágenes: todas las imágenes cortesía de iStock y/o Shutterstock.

Library of Congress Cataloging-in-Publication Data

Names: Austen, Elizabeth (Elizabeth Charlotte), author. | Smithsonian Institution.
Title: Hacer sombra / Elizabeth Austen.
Other titles: Making shade. Spanish
Description: Huntington Beach, CA : Teacher Created Materials, 2020. | Audience: K to grade 3.
Identifiers: LCCN 2019041275 (print) | LCCN 2019041276 (ebook) | ISBN 9780743925501 (paperback) | ISBN 9780743925655 (ebook)
Subjects: LCSH: Shades and shadows--Juvenile literature. | Sun--Juvenile literature.
Classification: LCC QC381.6 .A927518 2020 (print) | LCC QC381.6 (ebook) | DDC 535/.4--dc23
LC record available at https://lccn.loc.gov/2019041275
LC ebook record available at https://lccn.loc.gov/2019041276

✺ Smithsonian

© 2020 Smithsonian Institution. El nombre "Smithsonian" y el logo del Smithsonian son marcas registradas de Smithsonian Institution.

Teacher Created Materials

5301 Oceanus Drive
Huntington Beach, CA 92649-1030
www.tcmpub.com
ISBN 978-0-7439-2550-1
© 2020 Teacher Created Materials, Inc.
Printed in Malaysia
Thumbprints.25940